Venham para a beira, disse ele.

Eles responderam: Nós estamos com medo.

Venham para a beira disse ele.

Eles vieram.

Ele os empurrou... e eles voaram.

Apollinaire

COLEÇÃO ARETÉ
ἀρετή

Coordenação Editorial

Vera Lúcia de Oliveira

Ana Maria De Lima Campos

EMPREENDEDORISMO NA EDUCAÇÃO
UMA QUESTÃO DE ATITUDE

2ª Edição

ἀρετή

EDICON

CIP-BRASIL. CATALOGAÇÃO NA PUBLICAÇÃO

SINDICATO NACIONAL DOS EDITORES DE LIVROS, RJ

C21e

    Campos, Ana Maria de Lima

       Empreendedorismo na educação: uma questão de atitudes / Ana Maria de Lima Campos ; [coordenação Vera Lúcia de Oliveira] - 2. ed. - São Paulo : EDICON, 2018.

    64 p. : il. ; 21 cm. (Aretê ; 6)

    Inclui bibliografia e índice

    ISBN: 978-85-290-1042-7

    1. Empreendedorismo - Estudo e ensino - Brasil. I. Título. II. Série.

16-32793   CDD: 658.11

                   CDU: 658.016.1

CONTATO COM A AUTORA: itamareaninha@ig.com.br

EDICON
Editora e Consultoria Ltda-EPP
11-3255-1002   3255-9822
www.edicon.com.br
Rua Herculano de Freitas, 181 SP-SP 01308-020

Sumário

Apresentação 7
1. Introdução 11
2. Revisão literária 25
2.1. Atitudes empreendedoras
em educação 25
2.1.a - Inovação 27
2.1.b - Autonomia, responsabilidade
e senso-cooperativo e ética 33
CONSIDERAÇÕES FINAIS 41
REFERÊNCIAS 53
AGRADECIMENTOS 55
Porquê Aretê 58

Apresentação

A proposta de empreendedorismo em educação, presente neste projeto, consiste no desenvolvimento das atitudes empreendedoras no contexto escolar. Os conceitos utilizados no desenvolvimento da pesquisa baseiam-se na obra de Dolabela (2003), estabelecendo um diálogo com a proposta de Delors (2001), para a construção de uma educação de qualidade e as reflexões dialógicas de Freire (2006). Os autores, embora vivendo em tempos e espaços diferentes, permitem uma associação de ideias e reflexões que evidenciam visões de empreendedorismo em educação a partir de atitudes como inovação, autonomia, protagonismo e ética, considerando a formação de professores e sua pratica no processo de ensino-aprendizagem.

Palavras-chave: 1.Educação; 2.Empreendedorismo; 3.Atitudes; 4.Inovação; 5.Autonomia.

ABSTRACT

The motion of entrepreneurship in education, present in this project, is the development of entrepreneurial attitudes in the school context. The concepts used during the research are based on the work by Dolabela (2003), establishing a dialogue with the Delors proposal (2001), for the construction of a quality education and dialogical reflections by Freire (2006). The authors, although living in different times and places, allow an association of ideas and reflections that demonstrate entrepreneurial visions in education from attitudes such as innovation, autonomy, leadership and ethics, considering the training of teachers and their practice in the teaching process learning.

Keywords: 1.Education; 2.Entrepreneurship; 3.Attitudes; 4.Inovation; 5.Autonomy.

1. Introdução

Em seu artigo 205, a Constituição da República Federativa do Brasil prevê a "educação como um direito de todos e garantia do pleno desenvolvimento da pessoa, do exercício da cidadania e da qualificação para o trabalho".

Nesta proposta a instituição escolar assume um papel muito mais abrangente no que se refere a formação humana, não se restringindo apenas aos propósitos instrucionais e científicos. A formação profissional dos professores requer, nesse sentido, novos olhares, para além dos de transmissores de saber que caracterizaram a pedagogia tradicional, ou dos estimuladores e orientadores de aprendizagem que permearam o ideário "escolanovista".

A inclusão social, princípio fundamental da escola pública, apresenta-se na atualidade como um enorme desafio aos educadores.

O uso das novas tecnologias, capazes de difundir informações e contribuir na construção de conhecimentos no âmbito escolar, ainda não tem apresentado uma contribuição mais efetiva ao processo de ensino.

Frente a estes dois desafios encontramos uma escola pública carente de recursos tecnológicos e humanos. Envolvida nos debates sobre a indisciplina dos alunos, que por sua vez demonstram insatisfação com a estrutura escolar.

Neste contexto alarmante a proposta de uma educação empreendedora pode se caracterizar como uma opção de mudança para professores e gestores que acreditam na instituição escola. Como coloca Dolabela:

A tarefa da educação empreendedora é principalmente fortalecer os valores empreendedores na sociedade. É dar sinalização positiva para a capacidade individual e coletiva de gerar valores para toda comunidade, a capacidade de inovar, de ser autônomo, de buscar a sustentabilidade, de ser protagonista. Ela deve dar novos conteúdos aos antigos conceitos de estabilidade e segurança-impregnados na nossa cultura, mas referentes a contextos hoje existentes. Atualmente, estabilidade e segurança envolvem a capacidade da pessoa de correr riscos limitados e de se adaptar e antecipar às mudanças, mudando a si mesma a permanentemente. (DOLABELA, 2003, p.130-131)

Empreendimento em educação será aqui colocado como a capacidade de cada profissional, que atua no contexto escolar, de promover as condições necessárias ao desenvolvimento das aprendizagens dos alunos de maneira satisfatória. A capacidade de desenvolver atitudes empreendedoras motivando alunos, pais e outros profissionais em busca de estratégias inovadoras que contribuam de forma significativa para inclusão social daqueles que tem na escola o mais importante aliado para tal.

Empreendedores são homens e mulheres que, de maneira ética e responsável, assumem desafios, transformando dificuldades em oportunidades. São pessoas cujos principais verbos são: observar, aprender, agir e transformar. (HILSDORF, 2015, p.19)

A identidade profissional do professor assumiu recentemente, características muito similares àquelas que podemos encontrar em pessoas que tem no empreendedorismo uma opção de vida. Neste sentido podemos afirmar que a singularidade de se exercer a profissão de professor não é algo individual, que produza bens pessoais ou a busca do próprio desenvolvimento somente, numa visão mais capitalista de empreendimento. Ser professor exige o compartilhamento, a troca, a reflexão, entre outras atitudes. O produto final do trabalho do professor é um sujeito capacitado nos aspectos científicos, pessoais e humanos. Podemos afirmar, portanto, que o empreendimento em questão, envolve habilidades muito maiores e mais abrangentes que aquelas dispensadas à um empreendimento com fins financeiro. Empreender em educação envolve, sonhos, ética, pesquisa, solidariedade, polidez, afeto, rigor, respeito ao educando e a consciência do inacabado. Como coloca Freire:

> Aqui chegamos ao ponto de que talvez devêssemos ter partido. O do inacabamento do ser humano. Na verdade, o inacabamento do ser ou sua inconclusão é próprio da experiência vital. Onde há vida, há inacabamento. Mas só entre mulheres e homens o inacabamento se tornou consciente. (FREIRE, 1996, p. 50).

Em documento publicado pela UNESCO em 2001, Delors afirma que:

> Um dos principais papéis reservados à educação consiste, antes de mais, em dotar a humanidade da ca-

pacidade de dominar o seu próprio desenvolvimento. Ela deve, de fato, fazer com que cada um tome o seu destino nas mãos e contribua com o progresso da sociedade em que vive, baseando o desenvolvimento na participação responsável dos indivíduos e das comunidades. (DELORS, 2001, p. 82)

A proposta deixa claramente evidente o papel da educação no que diz respeito ao desenvolvimento de sujeitos mais autônomos, protagonistas sociais. Capazes de participar ativamente na construção de novos valores materiais e culturais nas comunidades das quais façam parte, uma visão de empreendedorismo social.

Empreender socialmente, numa perspectiva de educação pública, consiste na contribuição para a formação de sujeitos socialmente responsáveis. Sujeitos conscientes de que sua participação e envolvimento nas comunidades da qual faça parte são fatores determinantes para o sucesso de seu empreendimento.

O benefício advindo de um empreendimento social transpõe aspectos pessoais, assume um caráter maior, contribuindo com a geração de valores entre todos que participam do projeto em questão, gera valores sociais.

Ainda no mesmo documento, anteriormente citado, podemos observar outra referência ao papel protagonista da educação no que diz respeito ao desenvolvimento do empreendedorismo, ao se referir a capacitação do sujeito para o mundo do trabalho, tendo em vista os avanços tecnológicos atuais que aumentam a necessidade de capacitação e a concorrência por vagas no mercado.

O princípio geral de ação que deve presidir a esta perspectiva de um desenvolvimento baseado na participação responsável de todos os membros da sociedade é a do incitamento à iniciativa, ao trabalho em equipe, as sinergias, mas também ao auto emprego e ao espírito empreendedor: é preciso ativar os recursos de cada país, mobilizar os saberes e os agentes locais, com vista à criação de novas atividades que afastem os malefícios do desemprego tecnológico. Nos países em desenvolvimento esta é a melhor via de conseguir e alimentar processos de desenvolvimento endógeno. Os elementos da estratégia educativa devem, pois, ser concebidos de uma forma coordenada e complementar, tendo por base comum a busca de um tipo de ensino que, também, se adapte às circunstancias locais. (DELORS, 2001, p. 83)

Neste consenso o empreendedorismo social proposto anteriormente volta a se justificar por uma visão que busca agregar valores às comunidades, considerando os aspectos culturais local e não somente o global. Empreender como uma lição de casa, levando o indivíduo a buscar o desenvolvimento de projetos dentro de seu contexto comunitário, considerando aquilo que tem nas mãos e conhece bem como ferramenta para o desenvolvimento de empreendimentos inovadores.

Inovar em educação requer assim uma mudança na perspectiva escolar no que diz respeito ao erro, que passa a representar o papel de importante fomentador de ideias, de indicador de novos caminhos, de propositor de outras respostas que não aquelas já comprovadas.

Não haveria inovação na vida humana se o erro não tivesse o seu lugar. Aí se diria: " Nós aprendemos com os erros?" Não, aprendemos com a correção dos erros. Se aprendêssemos com os erros, o melhor método pedagógico seria errar bastante, e há erros que são fatais, que são terminais. (CORTELLA, 2013. p. 53)

A escola precisa assumir o papel de estimuladora dos sonhos, desde a mais tenra idade, contribuindo por meio de suas ações para que as crianças vivenciem o desenvolvimento de diferentes estratégias em busca de resoluções aos seus problemas. Para tal a escola precisa articular-se através de projetos que possibilitem a valorização dos conhecimentos e habilidades individuais dos alunos de forma cooperativa, em prol do desenvolvimento da autonomia, da iniciativa, da perseverança, da criticidade e principalmente do apreço ao conhecimento. O conhecimento numa perspectiva de satisfação pessoal, da descoberta, do questionamento.

Deste ponto de vista, há de repeti-lo, é essencial que cada criança, esteja onde estiver, possa ter acesso, de forma adequada, às metodologias científicas de modo a tornar-se para toda vida " amiga da ciência". (Delors, 2001, p. 91)

A construção da cultura de aprendizagem ao longo da vida deve ser o objetivo principal da educação escolar. Compete ao professor um papel fundamental neste processo, como articulador para que ele se concretize. Um aguçador de curiosidades, capaz de fomentar o desejo pela pesquisa científica e construção dos conhecimentos filosóficos, contribuindo de forma significativa para a construção da identidade do aluno.

2. Revisão literária

2.1. Atitudes empreendedoras em educação

2.1. a - Inovação

2.1.b - Autonomia, responsabilidade, senso-cooperativo e ética

2.1. a. Inovação

Para Lavieri:

"Empreendedor é todo aquele que inova, aquele que propõe formas diferentes de fazer coisas, aquele que reorganiza os recursos produzindo ganho. (Lavieri, 2010, p.4)".

Seguindo a linha de pensamento sobre o conceito de inovação o autor conclui que a educação por si só pode ser considerada uma ação inovadora e, por conseguinte, representar uma ação empreendedora.

Como, então assegurar que ações educativas desenvolvidas na escola afirmem o caráter empreendedor da educação na vida dos alunos?

Partindo do princípio de que inovar pressupõe uma observação atenta do que ocorre ao nosso redor em busca de soluções diferentes, capazes de modificar aquilo que represente um problema, ou melhorar o que já existe, inovar em educação exige da escola sensibilidade para dar voz a quem tem o que dizer. A proposta de discussões em torno dos problemas que se apresentam no dia a dia e que afetam os alunos, pode motivar a construção de ideias individualmente ou no coletivo, na busca de soluções. Assim como a valorização das estratégias desenvolvidas na realização daquilo que é proposto enquanto atividade cotidiana.

Um professor com conceitos inovadores precisa acima de tudo valorizar a capacidade do aluno de criar, testar e recriar seus conhecimentos. Valorizar o erro como um dos caminhos para o acerto ou a proposta de uma nova resposta.

Freire classifica a capacidade de inovação em educação como o exercício da curiosidade.

O exercício da curiosidade convoca a imaginação, a intuição, as emoções, a capacidade de conjecturar, de comparar, na busca da perfilização do objeto ou do achado de sua razão de ser. Um ruído, por exemplo, pode provocar muita curiosidade. Observo o espaço onde parece que se está verificando. Aguço o ouvido. Procuro comparar com outro ruído cuja razão de ser já conheço. Elimino algumas até que conheço a sua explicação. (FREIRE,1996, p. 88).

O exercício do diálogo e da reflexão representam práticas inerentes ao desenvolvimento de ações inovadoras em educação. A prática dialógica no espaço escolar contribui para o fortalecimento do processo de ensino-aprendizagem, estimulando o surgimento de ideias inovadoras no coletivo e o incentivo aos debates sobre os conflitos presentes nas relações humanas.

O professor deve garantir espaços para estas práticas, sistematizando-as no cotidiano e valorizando a construção dos conhecimentos por meio da pesquisa, dos questionamentos, desde a mais tenra idade.

Não há ensino sem pesquisa e pesquisa sem ensino. Esses quefazeres se encontram um no corpo do outro. Enquanto ensino continuo buscando, reprocurando. Ensino porque busco, porque indaguei, porque indago e me indago. Pesquiso para constatar, constatando, intervenho, intervindo educo e me educo. Pesquiso para conhecer o que ainda não conheço e comunicar e anunciar a novidade. (FREIRE, 1996, p. 29).

Podemos concluir, portanto que a capacitação continuada do professor é um fator preponderante ao sucesso de uma educação empreendedora. A busca pelo conhecimento, deve ser algo inerente a profissão pois representa um empreendimento profissional de suma importância à sua prática, o desenvolvimento do ensino. Um professor que demonstra apreço a sua formação desperta no aluno o desejo de conhecer, de ir além, de empreender. Uma sementinha que quando plantada na alma humana representa a garantia de sucesso pessoal e profissional, contribuindo efetivamente para a prosperidade e felicidade de quem a cultiva.

2.1.b - **Autonomia, responsabilidade, senso-cooperativo e ética**

Protagonismo

Filosoficamente o sentido da palavra autonomia refere-se à liberdade individual do ser humano, à possibilidade de realizar as próprias escolhas de maneira racional. A capacidade de assumir as responsabilidades e consequências advindas dessas escolhas, e a opção de refazer seu percurso de forma diferente, quando o achar necessário.

O conceito anterior pode ser formulado a partir de leitura de Delors, que também oferece orientações sobre o papel da educação escolar na capacitação de indivíduos para assunção de tais atitudes:

Aprender a ser, para melhor desenvolver sua personalidade e estar à altura de agir com cada vez maior capacidade de autonomia, de discernimento e de responsabilidade pessoal. Para isso, não negligenciar na educação nenhuma das potencialidades de cada indivíduo: memória, raciocínio, sentido estético, capacidades físicas, aptidões para comunicar-se. (DELORS, 2001, p. 102)

Ao propor o desenvolvimento das diferentes potencialidades humanas o autor deixa claro, mais uma vez o sentido inclusivo da educação e a importância de se valorizar as capacidades individuais dos alunos, subsídio importantíssimo à educação empreendedora.

A leitura de Freire pode ainda oferecer pistas para o trabalho do professor no que se refere ao desenvolvimento do senso crítico do aluno. Ao propor que a autoridade do professor não reside na afirmação de poder, mas no reconhecimento da legitimidade de seu saber, o autor volta a afirmar a importância da formação permanente que a profissão exige. A busca de qualificações diversas e atenção aos movimentos sociais, tecnológicos e morais que permeiam a comunidade com a qual se trabalha, permitirão o estabelecimento de um diálogo ativo com o aluno, contribuindo essencialmente para o desenvolvimento de seu senso crítico. Criticidade esta pautada em argumentos formulados a partir de conhecimentos interiorizados e da polidez, atitude viabilizadora das práticas dialógicas.

A crença de que as formações oferecidas pelas instituições para as quais se presta serviço serão suficientes para suprir esta qualificação são ingênuas. O pensamento crítico exige dos professores a flexibilidade para inovar em seu processo formativo por meio de qualificações externas, de cunho pessoal e profissional. A curiosidade em aprender sobre aquilo que se aprecia, não necessariamente referida apenas ao campo profissional, pode levar ao desenvolvimento do prazer em aprender, o que consequentemente se transformará em prazer de ensinar.

O empreendimento aqui proposto como inovador aos professores é o seu desenvolvimento em diferentes esferas da vida. A capacidade de abrir seu espírito ao conhecimento, aos relacionamentos, aos erros e acertos, dentro e fora do trabalho, estabelecendo relações entre suas aprendizagens, diálogos permanentes consigo e com os outros de forma a motivar-se e alimentar a própria capacidade criativa. Uma dimensão muito maior que aquela proposta nos cursos de formação para professores.

Ser responsável e tomar as rédeas da própria formação torna-se um requisito pertinente à profissão do magistério, uma atitude altamente inspiradora aos próprios alunos e colegas. Ao assumir a opção profissional pelo magistério, assume-se com ela certos compromissos éticos, dentre os quais podemos destacar o de tornar-se um aprendiz permanente.

A grande força dos professores reside no exemplo que dão, manifestando sua curiosidade e sua abertura de espírito, e mostrando-se prontos a sujeitarem suas hipóteses à prova dos fatos e até a reconhecer os próprios erros. Devem sobretudo transmitir o gosto pelo estudo. (Delors, 2001, p. 157)

Na proposta de educação empreendedora autonomia e senso-cooperativo fundem-se e em prol do protagonismo escolar, a participação do aluno em todas as etapas do processo de ensino-aprendizagem.

Em sendo a autonomia uma capacidade inerente aos indivíduos que apresentam atitudes empreendedoras, o senso de cooperação torna-se um imperativo importante a ser desenvolvido na escola, uma vez que assegurará aos propósitos empreendedores a visão de projetos.

O estímulo ao exercício do protagonismo tem no trabalho

com projetos um aliado significativo. Ao voltar-se de forma planejada, articulando conhecimentos, pesquisas e estratégias em prol de um objetivo comum, a escola materializa a construção do conhecimento e o protagonismo entre os estudantes e permite que as atitudes empreendedoras possam ser estimuladas.

Cabe aqui ressaltar que numa visão empreendedora de educação os projetos propostos necessitam perder o caráter generalista, comuns nas escolas públicas, e assumir objetivos claros, envolvendo os alunos em todas as etapas, da construção à execução das ações, estimulando e acolhendo as avaliações e sugestões por eles apresentadas.

Outro fator a ser valorizado é o produto final, que precisa contemplar as aspirações iniciais materializadas. Cabe aqui ressaltar que quanto menor a faixa etária a qual se destine maior atenção deverá ser dada a materialização deste produto final.

CONSIDERAÇÕES FINAIS

Na presente pesquisa a discussão de temas como a inclusão social, princípio fundamental da escola pública, e o uso das novas tecnologias em prol do desenvolvimento do ensino, apresentam-se ainda como um grande desafio aos gestores e educadores de escolas públicas, que se debatem diariamente em meio ao caos disciplinar provocado principalmente, pela carência de investimentos em recursos tecnológicos e humanos, que impera no ambiente escolar.

Neste contexto, a proposta de se trabalhar o empreendedorismo em educação representa, uma opção de se agregar novos valores ao ato de educar. Agregar valores numa perspectiva de empreendedorismo social significa identificar o que é essencial às comunidades, seus anseios, carências e expectativas para, a partir deles, articular os projetos escolares, potencializando nas ações educativas a intencionalidade de se contribuir efetivamente com a capacitação dessas comunidades para empreendimentos sustentáveis de vida.

Por meio do estabelecimento de ideias empreendedoras como inovação, autonomia, responsabilidade, visão, ética e protagonismo, pretende-se contribuir para o estabelecimento de novos olhares, em diferentes perspectivas, sobre o exercício do magistério e sua importância no atual contexto social.

A educação empreendedora pressupõe, nesta proposta, o desenvolvimento da identidade profissional do professor mediante o comprometimento com sua formação, com seus sonhos, com sua capacidade criativa. O professor atuará como um estimulador a curiosidade, a pesquisa, ao conhecimento. Saber despertar a curiosidade do aluno pode significar uma forma de encantamento capaz de ativar o poder do convencimento.

O ato de sonhar numa visão empreendedora se caracteriza pelo comprometimento ético, pela iniciativa, pela determinação, assunção dos riscos, compartilhamento de expectativas, flexibilidade para acolher outras opiniões e acima de tudo, conhecimento. Em consenso a disponibilidade para estabelecer diálogos ativos consigo, com o próximo e com as novas tecnologias representa uma tríade imprescindível ao exercício do magistério.

O uso de diálogos tem permitido historicamente, ao ser humano, a compreensão do outro e do meio em que vive. Por meio dos diálogos nos fazemos presentes no mundo, construímos nossa trajetória histórica, nossos códigos de valores, testamos nossos pensamentos e ideias de modo a colocá-los a critério das avaliações alheias. Dialogar significa estabelecer diferentes conexões com o mundo, abrir janelas que permitam ampliar os horizontes, para além daquilo que é comum, olhar além do quintal. Educar pode constituir-se, portanto, um ato essencialmente dialógico.

As novas tecnologias de comunicação representam na sociedade atual redes dialógicas de conexões imediatas com dimensões extremamente amplas e diversificadas. Somos capazes de nos comunicarmos em tempo real com diversos interlocutores, utilizando instrumentos midiáticos de som, texto e imagem, algo só possível nos filmes de ficção científica, até algumas décadas atrás.

Nos fazemos presentes em diferentes espaços e tempos, e permitimos aos outros estar presentes em nossos espaços. Algo extremamente positivo, não fosse pelo fato de se estar aniquilando uma via de diálogo essencial ao desenvolvimento humano: aquela que estabelecemos com nosso eu, o diálogo com nossos pensamentos, a capacidade de reflexão individualizada sobre o que se vê, ouve ou lê. Capacidade esta que possibilitou ao homem construir sua posição política no mundo, posicionando-se como um sujeito de direitos, deveres, valores, crenças e conhecimentos capazes de distingui-lo de qualquer outra espécie animal.

O desenvolvimento de sujeitos mais críticos e, consequentemente mais atuantes na sociedade tem sido um objetivo presente nos mais diferentes planos de ensino da educação brasileira. À escola, por excelência, foi atribuído o papel de formar para a cidadania, refinar a capacidade reflexiva dos sujeitos para uma atuação política mais efetiva nas causas sociais e posicionamentos políticos. Como fazê-lo, no entanto, ainda parece um questionamento pertinente.

A inovação no processo de ensino consiste mais na observação atenta de pequenos detalhes que possam ser modificados, em setores específicos e com resultados observáveis em prazos menores, do que naquelas ações que procurem resolver grande número de problemas por meio de estratégias diversificadas e não tão bem explicitadas em seus objetivos. Capacitar o aluno para atuar reflexivamente é um exemplo disso. Hoje, como nos primórdios da história da educação, a boa e velha leitura ainda representa uma valiosa aliada ao desenvolvimento da prática reflexiva. O ato de compartilhar histórias e experiências possibilitou ao homem o crescimento, a enxergar aquilo que ainda não está presente, antecipar o que poderá vir a ser, uma capacidade exclusivamente humana de fazer-se visionário. A perspicácia dos professores em estimular análises sobre informações presentes nas mídias sociais, gerando discussões mais profundas e reflexões individualizadas por meio de perguntas simples como: "O que você pensa sobre isso?" "Qual a sua opinião sobre este fato?" Pode estimular o hábito do questionamento, e, por conseguinte o desenvolvimento de uma opinião mais curiosa e crítica sobre os fatos presentes no dia a dia.

Ao oportunizar em sala de aula as rodas de conversas ou leituras direcionadas, o professor demonstra, na prática, ao aluno que: suas opiniões sobre algo são suscetíveis às críticas e necessitam de argumentos que as sustentem, que não existe opinião sem conhecimento de causa, que ouvir o outro pode ser um exercício valioso na construção do conhecimento, principalmente aqueles que pensam de forma diferente da sua, pressupostos importantes que sustentam o ato do dialogar.

Num contexto futurista de sociedade sempre se fará presente a interação dialógica, a conectividade harmoniosa com o meio e com o outro, assim como a criatividade, a questão do erro e acerto, a cooperação entre os indivíduos e principalmente, a capacidade de sonhar, projetar-se à frente de seu tempo idealizando o que se deseja.

Enquanto instituição oficialmente estabelecida para capacitar pessoas para uma vida mais plena, a escola necessita priorizar, em suas ações, o desenvolvimento de valores como apreço ao conhecimento, comprometimento com os sonhos, a cooperação e a criatividade, contribuindo de maneira mais efetiva na formação dos quatro pilares essenciais ao desenvolvimento do indivíduo: "aprender a conhecer, aprender a fazer, aprender a viver juntos, aprender a ser." (Delors, 2001)

Uma visão empreendedora de educação requer a assunção, por parte dos professores e da instituição escolar, de mudanças no que diz respeito ao trato com o erro, analisando-o sobre a ótica da inovação, do fomentador de novas estratégias de ensino e aprendizagem.

Ao tentar superar os limites estabelecidos corre-se o risco de errar, assim como o querer inovar exige sair da rotina, da zona de conforto, assumindo riscos e consequentemente expondo-se mais aos erros. Cabe aqui ressaltar o importante papel da avaliação neste percurso, atuando como viabilizadora da correção e retomada nos projetos. Representa uma bússola no percurso.

Empreender em educação requer ainda, o estímulo à cooperação entre os indivíduos, a valorização da criatividade e das potencialidades individuais, do protagonismo e sobretudo do conhecimento, enquanto precursor das principais realizações humanas. Atitudes que trazem na sua essência um forte caráter da coletividade, do conviver com as diferenças. Nesse processo agregar significa estar aberto as mudanças, ser flexível e receptível a contribuição do outro dentro do grupo.

Numa visão empreendedora de educação o compartilhamento representa agregação de valor e determina uma equação curiosa onde a divisão de ideias seja igual a multiplicação dos conhecimentos.

REFERÊNCIAS

BRASIL. *Constituição* (1988) Constituição da República Federativa do Brasil. Brasília, DF: Senado Federal: Centro Gráfico, 1988.

CORTELLA, Mario Sergio. *Pensar bem nos faz bem!* 3.ed. Petrópolis, RJ: Editora Vozes; São Paulo, SP: Feraz & Cortella, 2014.

DELORS, Jacques (org.). *Educação um tesouro a descobrir*,5. ed. São Paulo: Editora Cortez, 2001.

DOLABELA, Fernando. *Pedagogia Empreendedora*. São Paulo: Editora Cultura, 2003.

FREIRE, Paulo. *Pedagogia da Autonomia: saberes necessários à prática educativa.* 33. ed. São Paulo: Editora Paz e Terra, 2006.

HILSDORF, Carlos. *Atitudes Empreendedoras*. São Paulo, SP: Editora Portfolio Penguin, 2015.

LOPES, Rose Mary A. (org.). *Educação Empreendedora conceitos, modelos e práticas*. Rio de Janeiro, RJ: Editora Elsevier; São Paulo: Sebrae, 2010.

AGRADECIMENTOS

Escrever tem representado em minha trajetória de vida um processo de reinvenção, por ser um ato que pressupõe o pensar de maneira mais elaborada, a reflexão.

No percurso que culminou com a produção deste livro tenho muito a agradecer à pessoas que, em diferentes momentos de minha vida, de forma direta ou indireta, contribuíram para esta realização.

Primeiramente agradeço à Deus, pelo dom da vida dispensado gratuitamente a todos nós e pela capacidade de exercê-lo livremente.

Ao meu pai, nobre contador de histórias, que embora nunca tenha frequentado a instituição escolar, cultivava em sua memória um repertório invejável de contos, lendas e causos, compartilhados ao redor de um fogão de lenha em noites escuras no interior mineiro.

À minha mãe, uma incentivadora de meus estudos, primeira pessoa a me presentear com um livro em tempos que a leitura ainda não representava um expoente tão valorizado em nossa cultura.

Aos meus filhos, crianças curiosas que me surpreendem todos os dias com a criatividade inerente a esta fase da vida humana.

Ao meu marido pela paciência dispensada durante nossas férias quando efetivamente meu foco era a conclusão deste trabalho.

E, finalmente a Vera Lúcia, pessoa de talentos inumeráveis, exemplo de força e superação. Uma profissional dinâmica e positiva, dotada do raro dom de contagiar aqueles com quem trabalha com suas ideias inovadoras. Uma incentivadora para a materialização deste sonho: transformar minha pesquisa neste livro.

ἀρετή

SIGNIFICADO DE ARETÊ

ARETÊ (gr., a perfeição ou excelência de uma coisa). Perfeição ou virtude de uma pessoa. No pensamento de Platão e Aristóteles, a virtude está relacionada com a realização de uma função (ergon), exatamente da mesma maneira que um olho é perfeito se realiza a função que lhe é própria, a visão. Este é seu telos ou finalidade. A aretê é então identificada com aquilo que permite uma pessoa viver bem ou de modo bem-sucedido, embora seja controverso se a virtude é portanto apenas um meio para uma vida bem-sucedida ou uma parte essencial da atividade de viver bem. De acordo com Aristóteles, as várias virtudes consistem em saber como alcançar um meio-termo entre vícios opostos do excesso do defeito. O pensamento grego também abriu caminho para o ideal cristão segundo o qual o desenvolvimento pleno do aretê nos seres humanos consiste numa vida autossuficiente feita de contemplação e sabedoria. A palavra em sânscrito, kusala, é usada no budismo para representar a mesma associação entre a perfeição e a arte de ser um bom ser humano.

BLACKBURN, Simon. Dicionário Oxford de Filosofia. Consultoria da edição brasileira, Danilo Marcondes. Tradução de Desidério Murcho ... et al. Rio de Janeiro: Zahar, 1997.

Porquê ARETÊ?

Primeiro pensamos no significado da palavra em grego e estudamos a conotação que ela teve desde sua origem.

Segundo BLACKBURN (1997), ARETÊ significa: "A perfeição ou excelência de uma coisa ou a perfeição ou virtude de uma pessoa".

Do ponto de vista de Platão, os caminhos que levam ao que é excelente, ao bem, são múltiplos, entretanto, há um requisito único, o de trazer para si, mediante empenho, a excelência, em sua plenitude.

Em relação a espécie humana, no que concerne à aretê do humano, há a necessidade de se traçar esses caminhos por uma educação filosófica que não consiste apenas em fornecer princípios sem os meios de provê-los.

Nesse caso específico, o da provisão de meios, a educação filosófica permite uma capacitação que se refere em saber identificar, ou, mais exatamente, saber pôr a seta da excelência ou do bem no caminho que conduz ao sublime ou ao bem, o que significa, ao melhor possível que se possa fazer.

Quanto aos múltiplos significados do conceito grego de aretê, podemos destacar a raiz etimológica da palavra aretê, que é a mesma de aristós (de excelente, de o melhor), superlativo de agathós (de bom, valioso, meritoso), considerando que, a ação de aretê se evidencia caracterizada no verbo aréskô, com o qual vem enunciada a ação de capacitar, de tornar apto, de qualificar.

Isso posto, quando, então, se diz aretê, primordialmente, devemos reconhecer um sentido ativo, de orientador do como fazer, (no sentido de ser capaz de executar — dýnamai) uma determinada tarefa ou ação. Porém, não podemos deixar de citar seu sentido passivo que reduz aretê a uma tarefa ou ação realizada ou ao menos dada como executada ou concluída.

No primeiro caso, a aretê ativo, se resume ao ato de promover ou desenvolver, mais exatamente prover uma capacitação, com o que, no segundo caso, a aretê passivo, se sintetiza na aquisição dessa capacitação feito uma aptidão, a título de uma qualidade ou mérito, agregada a um modo de ser e de agir, e que, de algum modo, se transfere para a ação. Daí que se faz necessário pensar em um terceiro sentido, ao mesmo tempo ativo e passivo, da aretê, que consiste justamente no apropriar-se do modo mais eficiente de se transferir a capacitação para a ação.

Assim, a palavra aretê se define na ação ou no exercício do fazer. Trata-se de uma ação continuada, como tal, inacabada, visto que ela tem apenas por fim almejado e desejado o excelente ou o melhor possível, um agathós superlativo, que, concretamente, se amplia, a ponto de não se realizar jamais e estar sempre em busca da excelência.

Suposto, como foi visto, que a aretê do éthos tradicional da cultura grega não se restringe à virtude moral, mas sim a uma qualificação ou prosperidade atinente a vários setores, e não apenas a um. Aretê é vista como uma ação virtuosa, aquela que se qualificada em si mesma na medida em que almeja a qualificação. Daí que a aretê, para além do fazer bem, engloba igualmente o viver bem, e, em ambos os casos, diz respeito a uma qualificação do ser na medida em que comporta qualidades convenientes, bem como requisitos necessários atinentes a uma natureza e/ou a uma destinação.

E aqui, por aretê, vinculada à téchnê (palavra grega que significa: arte, técnica, ofício que prevê um conjunto de procedimentos para se chegar a um resultado), cabe apenas entender, em sentido teórico, uma determinada capacitação, aptidão e engenhosidade consoante e adequada a campos diversos (intelectivos, manuais, existenciais); porém num sentido prático.

Enfim, para além das várias atividades ou exercícios, a título de um fazer, a aretê comporta igualmente o exercício de viver, no que, para os gregos, se sobrepunham, digamos, três setores: o do ser grego, o do ser cidadão, e, o mais nobre de todos: aquele que coube à Filosofia estimular e prescrever, o ser homem.

Dito isso, gostaríamos de completar salientando que é uma responsabilidade muito grande o ato de escolher o título de um livro e mais ainda o nome para uma coleção de livros.

Para nós a palavra aretê define o sentimento que este grupo teve ao decidir por escrever para outrem sobre nossas práticas pedagógicas e chamar para reflexão sobre diversos temas que envolvem a educação e define pontos fundamentais para se chegar a excelência na oferta do ensino público.

Podemos dizer que a decisão em se fazer uma coleção tenha sido algo tão grandioso para nós, partindo do princípio da identificação de um grupo de professoras compromissadas e afim de qualificar a profissão docente e, em contrapartida, melhorar a formação humana.

Um compromisso firmado, primeiro pela vontade em querer mudar a cara da educação no Brasil, partindo da nossa realidade local, segundo, pelo anseio de escrever e publicar estas experiências como forma de incentivar outros profissionais que como nós, passem a questionar paradigmas, estudar formas de como melhorar a qualidade da oferta de ensino. Para tanto, estão envolvidos vários elementos a serem repensados no contexto escolar que vão desde a infraestrutura, a formação docente, a atuação profissional, o diagnóstico das necessidades da clientela, o uso das verbas do PDDE (programa dinheiro direto na escola), a reflexão de como incluir a demanda escolar atendendo suas especificidades numa perspectiva da educação inclusiva, são pontos proeminentes na qualidade da educação.

Tentamos respeitar a individualidade de cada professora escritora inserida nesse trabalho, tanto na escolha dos temas abordados nesta primeira edição, como pela sua afinidade e formação complementar. Algumas, inclusive, atenderam com seus escritos finalizações de cursos de extensão e lato sensu. Cada uma tentou trazer à reflexão elementos importantes na construção de uma educação democrática, inclusiva e de qualidade.

Diante do exposto, a escolha da palavra ARETÊ para nomear nossa coleção, teve o sentido de criar caminhos para nos capacitar e servir de motivador para outros profissionais da educação, na busca da excelência no ato de ensinar, pensando no ofício de ser professor em sua plenitude, entendendo que somos seres inacabados e "tomando para si", a responsabilidade de contribuir para a promoção de uma educação de qualidade, inclusiva e democrática que promova uma formação humana plena para se viver bem.

COLEÇÃO ΑΡΕΤΉ
ἀρετή

INCLUSÃO: IDENTIFICAÇÃO, INTERVENÇÃO E ESTRATÉGIAS DE ATUAÇÃO NA ESCOLA
Vera Lúcia de Oliveira

EMPREENDEDORISMO NA EDUCAÇÃO: UMA QUESTÃO DE ATITUDES
Ana Maria de Lima Campos

PAPEL DA ESCOLA NA DESCONSTRUÇÃO DO RACISMO
Cristiane da Silva Braga

A IMPORTÂNCIA DA LEITURA DE TEXTOS LITERÁRIOS NA EDUCAÇÃO INFANTIL
Gisele Recco Tendeiro

INCLUSÃO NA PERSPECTIVA DA DEMOCRATIZAÇÃO DO ENSINO
Tatiane de Matos Barbosa

INCLUSÃO: ADEQUAÇÃO CURRÍCULAR PARA QUALIFICAR A ATUAÇÃO PEDAGÓGICA
Andrea Firmina Novaes